PROGRAMME

D'UNE

SOCIOLOGIE GÉNÉRALE

PAR

TONGO TAKÉBÉ

Docteur en Philosophie,
Professeur-Adjoint à l'Université de Tokio,
Membre de la Société de Sociologie de Paris.

(Extrait de la *Revue Internationale de Sociologie*)

PARIS

V. GIARD & E. BRIÈRE

LIBRAIRES-ÉDITEURS

16, Rue Soufflot, 16

1904

Coulommiers. — Imp. Laffray.

PROGRAMME

D'UNE

SOCIOLOGIE GÉNÉRALE

PAR

TONGO TAKÉBÉ

Docteur en Philosophie,
Professeur-Adjoint à l'Université de Tokio,
Membre de la Société de Sociologie de Paris.

(Extrait de la *Revue Internationale de Sociologie*.)

PARIS

V. GIARD & E. BRIÈRE

LIBRAIRES-ÉDITEURS

16, Rue Soufflot, 16

1901

Programme d'une sociologie générale.

La demande d'un programme de sociologie a été présentée par
M. A. Dorado dans la *Revue Internationale de Sociologie* de novembre 1900.
C'est là certainement le desideratum du monde sociologique tout en-
tier, ainsi que M. René Worms, directeur de la Revue l'a remarqué avec
raison. Nous avions une « Province de Sociologie » de M. Vincent
dans l'*American Journal of Sociology* ; plusieurs essais similaires ont été
publiés dans de grandes revues américaines et européennes ; depuis
lors, tout récemment encore nous avons entendu une discussion con-
cernant la sociologie pure entre MM. Groppali et Winiarsky ; tout
ceci marque l'importance du problème de la systématisation de la
sociologie.

En un mot, le manque de système est un des plus grands défauts
de notre jeune science. L'effort des sociologues doit être dirigé, à la
fois vers les enquêtes particulières, et l'investigation générale. Et ce
fait a une signification spécialement pédagogique, comme M. Dorado
l'a bien remarqué.

J'ai recherché aussi, pendant quelques années, la solution de ce problème général et fondamental. Bien que mon enquête soit encore loin
d'être parfaite à un point de vue quelconque, je vais profiter de la
demande d'un programme de sociologie, pour publier une esquisse
générale et rudimentaire d'une œuvre sociologique, « *la Sociologie générale* », qui contient plus de mille pages écrites dans ma langue mater-
nelle (le japonais), laquelle n'est pas encore assez répandue dans le monde
scientifique, et ne peut pas être assurée d'une édition européenne.

« *La Sociologie générale* » n'est point, comme il sera démontré plus
loin, le système de la sociologie elle-même ; elle est une étude fondamentale de sa nature propre, une vue générale des problèmes sociolo-

giques et de leurs solutions ; elle sert comme d'introduction générale à l'étude sociologique.

On imaginera facilement, qu'il n'est pas sans difficulté d'expliquer, dans une langue occidentale, des notions orientales, qui sont aujourd'hui reconnues universellement comme le trésor des idées morales, politiques et sociales. Les lecteurs bienveillants m'excuseront de l'obscurité des termes traduits ; fait vraiment inévitable quand la correspondance mutuelle des idées et des pensées n'est pas encore bien mûre. Certains des termes, traduits soit en français, soit en anglais ou en allemand même, sont indiqués en *italiques*.

Comme « Prolégomènes » presque tous les livres, toutes les parties, tous les chapitres et même toutes les sections les plus importantes se composent des investigations théoriques et historiques dans une mesure plus ou moins large ; mais cela sous la forme d'appendice. Ne négliger ni l'un ni l'autre des deux modes principux de l'investigation scientifique, mais cependant ne pas les confondre en une agglomération amorphe, tel est le principe essentiel d'une œuvre méthodique.

Sociologie générale.

Iᵉʳ Livre. — Prolégomènes à la Sociologie.

Iʳᵉ Partie. — Introduction théorique.

Chap. Iᵉʳ. — *La Société*. — § 1. Introduction. — § 2. Qu'est-ce que la société ? dans le sens ordinaire, la société est un corps d'association de deux ou plusieurs hommes. — § 3. La société est un fait scientifique et philosophique. — § 4. La société est une unité. — § 5. La société est un organisme. — § 6. La société est un corps conscient. — § 7. La société a une personnalité. — § 8. La situation de la société au milieu des êtres de l'univers. — § 9. L'idée de la société : la société est l'unité personnelle et organique de l'association humaine.

Chap. II. — *La Sociologie*. — § 1. *La science* en général ; ses méthodes en général : dogmatique, sceptique, critique. La science est ce qui pourvoit, elle est *l'imperatif positif* pour le progrès de la vie humaine,

— § 2. La hiérarchie des sciences : logique, physique, astronomie, biologie, sociologie. — § 3. La philosophie et les sciences. — § 4. Système des sciences : théoriques et appliquées, matérielles et immatérielles. — § 5. Définition de la sociologie : la sociologie est la science qui recherche les lois de la société. Plusieurs conceptions de la sociologie : 1) classées au point de vue ontologique : sociologie matérialiste, soc. idéaliste, soc. dualiste; 2) classées suivant leur but : sociologie descriptive, soc. positive.

CHAP. III. — *Problèmes et système.* — § 1. L'objet et les problèmes. — § 2. Les problèmes de la sociologie : I) Problèmes fondamentaux : 1) Nature fondamentale de la science en général ; 2) Nature et fondement de la sociologie ; II) Problèmes propres : 3) Les lois de l'être social ; 4) Les phénomènes sociaux ; 5) La destinée sociale ; III) Problèmes pratiques ; 6) Le processus social ; 7) Lois sociales appliquées à la réforme sociale. — § 3 Problèmes et système. — § 4. Le système de sociologie : I) *Grundlegung* de la sociologie : A) *Allgemeine Wissenschaftslehre* : 1) *Grundlage der Wissenschaftslehre*, 2) Système de la science, 3) Histoire évolutionniste de la science ; B) Introduction à la sociologie : 1) *Grundlage* de la sociologie, 2) Histoire de la sociologie ; II) Sociologie théorique ou soc. propre : A) La logique sociale ou l'ontologie sociale : 1) Lois générales, 2) Lois spéciales ; B) La statique sociale ou la phénoménologie sociale : 1) La genèse sociale, 2) L'organisation sociale, 3) La fonction sociale ; C) La dynamique sociale ou la téléologie sociale : 1) L'évolution sociale, 2) L'idéal social ; III) Sociologie pratique ou Soc. réelle : A) Historique social, 1) Processus social, 2) L'état social, B) Doctrines sociales, 1) *Grundlegung* de la pédagogie, 2) *Grundlegung* de la politique, 4. *Grundlegung* des doctrines internationales. — § 5 La morphologie générale : les prolégomènes, la logique sociale, la statique sociale, la dynamique sociale.

CHAP. IV. — *Méthodes.* — § 1. La méthode en général. — § 2. Méthodes générales : m. déductive et m. inductive. — § 3 Méthodes spéciales : m. rationnelles et m. empiriques. — § 4 Méthodes rationnelles : intuitive et discursive. — § 5 Méthodes empiriques : descriptive et statistique. — § 6 Collection des faits : 1) rationnels : aperception pure, *self-consciousness*, catégories, perceptions ; 2) empiriques : a) simples : observation, expérimentation, b) complexes : comparaison, observation historique. — § 7 *Élaboration des idées* : 1) intérieure : analyse et synthèse, 2) extérieure : déduction et induction ; 3) systèmes d'élaboration : méthode déductive et méthode inductive.

Malon, Bordier ; Belgique : Laveleye, De Greef, Dallemagne ; Russie : Lilienfeld, Novicow, De Roberty, Kovalewsky, Dargun, Bloch, Lawroff ; Italie : Ferri, Garofalo, Lombroso, Colajanni, Vadale-Papale, Vanni, Majoranna, De Bella, Espagne : Posada, Escartin, Paredes ; Chili : Figuerra ; Angleterre : Spencer, Lubbock, M'Lennan, Morgan, Taylor, Flins, Bax, Fergusson, Harrisson, Huxley, Jevons, Lorimer, Mackay, Mill, Carlyle, Maine, Mackenzie ; États-Unis : Giddings, Ward, Small, Vincent, Fairbanks, Bascom, Crowell, Carey ; Allemagne : Marx, Schäffle, Krohn, Tönnies, Simmel, Schmidt-Warneck ; Autriche-Hongrie : Gumplowicz, Stein, Lindner, Mandello ; Suisse : Stein.

Chap. IV. — *Avenir de la sociologie.* — § 1 Époque de *Meiji* (Époque contemporaine du Japon) : la Restauration, sa cause et son analyse historique ; plusieurs idées sociales ; sociologie comme discipline universitaire ; Katô, Toyama, Inouyé, Miyaké, Ariga ; société pour la politique sociale. — § 2. Défauts de culture contemporaine : division du travail, scientifique, sociale, internationale. — § 3. Aspect de la sociologie : progrès de l'idée du monde ; progrès des coopérations internationales ; progrès du socialisme ; progrès de la culture sociale.

IIe Livre. — La Logique Sociale.

Ire Partie. — Les Principes généraux.

Chap. Ier. — *L'Univers.* — § 1 Introduction. — § 2. L'Ego et le monde. — § 3. Constance de l'Univers. — § 4. La matière et l'esprit. — § 5. Phénomène et noumène. — § 6. Savoir et être.

Chap. II. — *L'Homme.* — § 1. Le corps. — § 2. L'esprit. — § 3. La conduite. — § 4. La personnalité. — § 5. La vie et la mort. — § 6. L'existence vivante. — § 7. Rapports entre l'homme et le monde. — § 8. La vie humaine.

Chap. III. — *La Loi.* — § 1. L'idée de la loi : la loi est la condition permanente, soit intérieure soit extérieure, entre les choses. — § 2. Fondement de la loi : quatre catégories : *permanence*, ordre, *constance*, causalité. — § 3. Classification essentielle des lois : I) Lois absolues ; II) Lois relatives : A) Lois matérielles, B) Lois humaines 1) L. individuelles, 2) L. individuelles-sociales, 3) L. sociales. — § 4. Classification méthodique des lois : I) Lois parfaites : A) absolues, B) relatives ; II) Lois imparfaites : A) déductives : 1) L. théologiques, 2) L. métaphysiques, 3) L. analogiques ; B) inductives.

1) L. statistiques, 2) L. historiques, 3) L. expérimentales. — § 5. La loi et la science. — § 6. Les lois sociologiques.

IIe Partie. — Les Lois générales.

Chap. Ier. — *L'Existence*. — § 1. Introduction. — § 2. L'Existence originelle : La matière et l'énergie. — § 3. La Loi de conservation ou d'existence. — § 4. La Loi de résistance.

Chap. II. — *L'Évolution*. — § 1. Introduction : Lois progressives et régressives. — § 2. La loi d'accélération, prog. — § 3. La loi de sélection naturelle, reg. Les deux lois ci-dessus effectuent l'évolution astronomique. — § 4. La loi d'hérédité, prog. — § 5. La loi de sélection volontaire, reg. Les 4 lois ci-dessus effectuent l'évolution biologique. — § 6. La loi d'*institutisation*, prog. — § 7. La loi de sélection idéale, reg. Les six lois ci-dessus effectuent l'évolution sociologique. — § 8. L'effet de l'évolution : état défini, hétérogénéité, harmonie ; différenciation, intégration.

IIIe Partie. — Les Principes spéciaux.

Chap. Ier. — *Facteurs de la société*. — § 1. Introduction. — § 2. Unification sociale des corps humains : genèse et développement, individuel et de race. — § 3. Unification sociale des esprits humains : hérédité ; langue ; intérêts de la vie : physiologiques, psychologiques, sociaux. — § 4. Conscience et conduite sociales. — § 5. Utilisation sociale de la terre : étendue, sol, aspect, situation, climat. — § 6. Utilisation sociale du monde biologique : cause, compagnon, service de l'homme

Chap. II. — *Conditions* (Bedingungen) *de la société*. — § 1. Introduction. — § 2. La race : conditions physiques, caractère, langue ; se conservant par : hérédité, imitation. — § 3. La population ; coefficient de population ; coefficient de migration ; coefficient de mariage. — § 4. Conditions naturelles. Les trois ci-dessus sont les conditions primaires — § 5. Institution : comme mesure et cause du développement social. — § 6. Histoire : comme condition directe et indirecte. Les deux ci-dessus sont conditions secondaires. Toutes les lois ci-dessus sont les conditions intérieures ; la condition extérieure est — § 7. Sociétés extérieures, par les moyens de : A) succession : 1) de la matière, 2) de la force ; B) contact : 1) cohérence : a) de la matière, b) de la force ; 2) compétition : a) partielle, b) entière.

Chap. III. — *Moteurs de la société*. — § 1. Introduction ; les moteurs sont, soit humains, soit naturels. — § 2. Motifs individuels : I) Motifs égoïstes : A) M. de *Self-preservation*, B) M. de *self-conservation* ; II) Motifs altruistes : A) M. de préservation des autres, B) M. de conservation des autres, III) Motifs égoïste-altruistes : A) M. pour l'honneur, B) M. pour l'achèvement ; IV) Motifs super-égoïstes-altruistes : M. pour la vertu. — § 3. Motifs sociaux : I) Motifs sociaux naturels : A) M. de préservation de race, B) M. de conservation de race ; II) Motifs sociaux volontaires : A) M. de la nature du peuple : 1) patriotisme, 2) *Zeitgeist*, 3) idée religieuse, 4) idée des mœurs ; B) M. de l'opinion publique : 1) politique, 2) internationale, C) M. de prophétie : 1) *création* (initiation, fondation) des religions, 2) révélation de nouvelles idées, 3) création des beaux-arts, 4) inventions industrielles, 5) législation. — § 4. But : le but multiple et permanent est l'idéal. Tous les moteurs ci-dessus sont les moteurs humains. — § 5. Les moteurs naturels : I) Force naturelle : A) le soleil, B) les choses météorologiques, C) les forces du sol, D) les choses naturelles contenant l'énergie ; II) Choses artificielles : A) outils et instruments, B) reproduction des animaux et des plantes ; III) Monde biologique : A) compagnons de l'homme, B) service de l'homme.

IVe Partie. — Les Lois spéciales.

Chap. Ier. — *L'Existence de la Société*. — § 1. Introduction. § 2. Fondement de l'existence de la Société : I) Fondement matériel : l'Association ; II) Fondement immatériel : A) individuel : la Sociabilité, B) social : la Socialité ou la Nationalité. — § 3. L'Association dont I) Facteurs : A) la vie cohérente, B) la vie contemporaine, C) la correspondance, D) la coopération ; II) Effets : A) individuels : 1) *blood-relation* : a) relation sexuelle, b) ressemblance consanguine, c) ressemblance de race, 2) rapport des conditions de la vie : a) rapprochements positifs, b) rapprochements négatifs ; B) sociaux : l'Institution : 1) les institutions organisatrices : a) de la famille, b) de l'État, c) de l'internationalité ; 2) les institutions administratives : a) économiques, b) culturales, c) politiques ; 3) les institutions de caractère social : a) des mœurs, b) des coutumes. — § 4. La Sociabilité dont facteurs : I) *a priori* ; II) *a posteriori* : A) naturels : 1) ressemblance, 2) rapprochement ; B) artificiels : 1) la sympathie, 2) l'amour, 3) *la vertu humanitaire (jus)*. — § 5. La Socialité : I) dont facteurs : A) de grandeur : 1) institution, 2) histoire, B) de profondeur : sociabilité ; II) qui existe principalement dans : A) langue, B) religion ou croyance, C) mœurs et coutumes. Il y a trois classes des choses sociales : 1) nationales, 2) internationales, 3) supernationales, et la socié-

lité est dans les choses nationales. — § 6. Attribut de l'Existence de la
société : trois sections ci-dessous les donnent. — § 7. L'Unité. —
§ 8. La Solidarité. Les deux sont attributs intérieurs. — § 9. La Socialisation, attribut extérieur : I) la socialisation défensive : A) de l'individu, B) du corps agrégatif ; II) la socialisation offensive : A) positive : 1) entre les individus : a) du sang, b) à la condition de la vie ;
2) entre les institutions, 3) assimilation de sociabilité, 4) expansion
de socialité, B) négative : la Désocialisation ou la Dénationalisation :
c'est partout la démolition de l'existence d'une société. — § 10. Loi de
l'existence de la société.

Chap. II. — *Le Développement de la Société.* — § 1. Introduction. —
§ 2. Facteurs du développement : I) intérieur : A) fondamental, B) at-
tributif, le facteur intérieur est la force sociale ; II) extérieur : A) succession, B) cohérence, C) compétition ; le facteur extérieur réside dans
les sociétés extérieures. — § 3. Développement progressif. — § 4. Développement régressif. — § 5. Agrandissement de la société : du terri-
toire, de la population, des institutions. — § 6. *Plénitude* de la société : de la richesse, de l'intelligence, de la vertu. — § 7. Loi du
développement de la société.

III° Livre. — La Statique Sociale.

Ire PARTIE. — LA GENÈSE SOCIALE.

Chap. Ier. — *La Genèse* (Entstehung) *de la Société naturelle.* — § 1. Introduction. — § 2. La genèse de l'espèce humaine : comment ? quand ?
où ? monogénisme et polygénisme : quel nouveau phénomène apparaît
dans l'évolution universelle ? — § 3. Conditions de la genèse de l'espèce humaine. — § 4. L'Agrégation (*Horde*). — § 6. La Famille. — *La
Gens.*

Chap. II — *La Genèse de la Société artificielle* (*volontaire*). — § 1. Conditions de la genèse de la société artificielle : I) Conditions de l'existence : A) intérieures : 1) sauvetage mutuel, 2) *availing* des choses ; B)
extérieures : 1) défense contre la nature, 2) défense contre les enne-
mis ; II) conditions du développement ou conditions idéales : A) de la
vie : 1) progrès des matériaux, 2) progrès de *l'availing* ; B) mentaux :
1) progrès de satisfaction émotionnelle, 2) progrès des moyens du développement social. — Conditions de la genèse de la société naturelle : I) conditions principales : A) existence d'un couple d'êtres vi-
vants supérieurs, B) leur relation sexuelle, C) outil de l'existence ; II)

conditions efficientes : A) attraction mutuelle, B) agrégation associa-
tive, C) effet des sociétés extérieures — § 2. Les étages ordinaires de
la genèse sociale. — § 3. Les *Tribus*. — § 4. La *Cité*. — § 5. L'*État*. —
§ 6. La Société internationale.

II° PARTIE. — L'ORGANISATION SOCIALE.

CHAP. 1ᵉʳ. — *Organisation de la Famille* — § 1. Introduction — § 2.
Formes du mariage : m. d'appétit, m. de rapt, m. d'achat, m. de subjugation, m. d'agrément, endogamie et exogamie. — § 3. Formes des
relations matrimoniales : promiscuité, polygamie, polyandrie, mono-
gamie ; relations momentanées et permanentes. — § 4. Matières de la
relation matrimoniale : I) relation naturelle, (dont l'objet est le mariage
lui-même) : r. d'appétit, r. de possession, r. de subjugation, r. d'association ; II) relation artificielle ou volontaire, dont l'objet est la forma-
tion des générations : A) relation simple, B) relation compliquée : 1)
primitive (pour la famille, 2) supérieure (pour la société). — § 5.
Formes de la relation filiale : r. *anarchiste*, r. matriarcale, r. patriar-
cale, r. *biarcale*, r. *familiarcale* (primitive et supérieure). — § 6. Matières
de la relation filiale : sans relation, r. de possession, r. de contrôle, r.
libre. — § 7. Relation fraternelle : formes : r. naturelle et artificielle,
égalitaire et inégalitaire ; matières : sans relation, r. égoïste, r. indé-
pendante, r. d'ordre. — § 8. Relation du *clan* : formes : r. naturelle et
artificielle, égalitaire et inégalitaire ; matières : r. libre ou volontaire,
organique. — § 9. Rapports entre la famille et la société : la famille,
non l'individu, est l'unité de la société : 1) continuation de la généra-
tion, 2) caresse des enfants ; 3) développement de la division du travail et de la coopération entre l'homme et la femme, 4) existence historique et actuelle de la famille dans l'organisation sociale — § 10.
Situation sociale de la femme : la nature féminine ; la profession féminine ; la propriété des femmes.

CHAP. II. — *Organisation de l'État* — § 1. Introduction — § 2. Facteurs de l'organisation de l'État. Formes de la souveraineté : absolue,
relative, universelle. Matière de la souveraineté : culturale, *pénale*,
juridique. Développement triple de la situation du souverain, du peuple, et leurs relation mutuelles. — § 3. Formes de l'organisation de
l'État : E. par tribus, E. théocratique, E. subjugatoire, E. conven-
tionnel (contractuel). — § 4. Organes de l'État : organes politiques,
organes économiques, organe culturel. — § 5. Matières de l'organisation de l'État : I) classes : esclavage, noblesse, militaire, peuple, agri-
cole ; II) association (*Genossenchaft*).

versel ; 2) humain : a) concret, b) abstrait ; 3) idéal ; B) classé par le
nombre : 1) polythéisme, 2) monothéisme : a) monothéisme simple,
b) monothéisme compliqué (cathénothéisme : 3) panthéisme ; C) classé
par la forme d'exposition (de projection objective : 1) idoles, 2) choses
naturelles, 3) animaux, 4) hommes, 5) idée ; II) développement de la
croyance : A) adoration, B) *crédalité*, C) reconnaissance ; III) développement pratique : la religion comme les conditions de conduite : A)
conditions impératives, B) conditions instructives, C) conditions recon-
naissantes. — § 6. La science. — § 7. La cérémonie ; ses origines : religieuse, politique, sociale ; ses fonctions : unification sociale des individus, harmonisation de conduite humaine sociale. — § 8. Beaux-arts :
naturels et artificiels ; leurs fonctions : développement de l'émotion
esthétique, unification sociale des goûts. — § 9. Moyens d'éducation :
inspiration, instruction, enseignement. — § 10. Effets de l'éducation :
éducation morale, éducation professionnelle.

CHAP. III. — *La Politique*. — § 1. Introduction. — § 2. Définition de
la politique : la politique est l'action sociale de la souveraineté. —
§ 3. Faits politiques : 1) législation, II) *police (Policy)*, III) administration : A) juridiction, B) administration : 1) diplomatie, 2) administration : a) adm. culturale, b) adm. financière : x) d'État, z) sociale ;
c) adm. militaire, d) adm. civile. — § 4. Développement de la législation : ses facteurs : matériel, formel ; ses formes : législation écrite, législation non-écrite. — § 5. Développement de la *police*. — § 6. Développement de l'administration. — § 7. Développement de la juridiction :
contrôle de la force, contrôle du pouvoir, contrôle du droit. — § 8.
Développement de la diplomatie. — § 9. Développement de la politique : progrès de l'unité, progrès de la stabilité, expansion de la conscience politique, développement de l'idéal politique, progrès de la
réalisation politique.

IV° Livre. — La Dynamique Sociale.

Ire PARTIE — L'ÉVOLUTION SOCIALE.

CHAPITRE I. — *Principes de l'Évolution sociale*. — § 1. Introduction. —
§ 2. Rapports et effets des facteurs, matériel et mental. Quadruple
division des phénomènes sociaux : I) phénomènes matériels purs ;
II) phénomènes par action des moteurs mentaux sur les facteurs et les
conditions matériels ; III) phénomènes par action des moteurs matériels
sur les facteurs et les conditions mentaux ; IV) phénomènes mentaux

purs. — § 3. Catégories et rapports de l'*idéalité* et l'*actualité* (de la *raison* et de la *circonstance*). — § 4. Idée de la loi de l'Evolution sociale. La loi concrète de l'Evolution sociale donne l'explication pratique, et implique l'*idéal* et l'*actuel* (le déterminant libre et la condition mécanique). La loi abstraite de l'Evolution sociale est l'abstraction de la condition mécanique de l'évolution sociale, et explique le cours pratique de l'idéal déterminé librement.

viduel est l'impératif imposé à la conduite de l'individu. — § 2. L'idéal fondamental : *Super egoïsme*, égoïsme, *universalisme*. — § 4. L'idéal provenant du critérium de la conduite : utilitarianisme, *conscientisme*, positivisme. — § 4. L'idéal provenant de l'effet de la conduite : égoïsme, altruisme, socialisme. — § 5. L'idéal provenant de l'intuition de la vie (*Lebensanschauung*) : optimisme, pessimisme, méliorisme. — § 6. Valeur des idéaux individuels.

CHAP. III. — *Les idéaux sociaux*. — § 1. Introduction. L'idéal social est l'impératif imposé à la conduite ou à la direction de la Société. — § 2. L'idéal par rapport à la forme de l'organisation : principe de caste, pr. d'égalité, pr. d'ordre. — § 3. L'idéal par rapport à la matière de l'organisation : individualisme, étatisme, socialisme. — § 4. L'idéal par rapport à la formule de la fonction : radicalisme, conservatisme, progressisme. — § 5. L'idéal par rapport à la matière de la fonction en général : pr. d'intervention, pr. de laissez-faire, positivisme. Voilà une vue générale des idéaux sociaux ; il faut voir les idéaux par rapport à la matière de la fonction encore plus en détails. — § 6. L'idéal du contrôle social (l'idéal politique) : absolutisme, libéralisme, constitutionalisme. — § 4. L'idéal de l'interrelation sociale (l'idéal international) : impérialisme, cosmopolitanisme, humanitarisme. — § 8. L'idéal de la vie sociale (l'idéal *économique*) : individualisme, communisme, socialisme. — § 9. L'idéal de l'*élévation* sociale (l'idéal éducateur) : inducationalisme, exducationalisme, éducationalisme. — § 10. L'idéal de la mission sociale (l'idéal civilisateur) : pr. d'imitation radicale, pr. de nationalité conservative, pr. de promotion positive. — § 11. Conclusion.

<h3 align="center">IIIe Partie. — La civilisation</h3>

CHAP. I. — *La civilisation en général*. — § 1. Introduction. — § 2. Qu'est-ce que la civilisation ? Comme définition préliminaire, la civilisation est l'idéal unique des états sociaux. — § 3. Principes de la civilisation : son actualité, son idéal, sa réalisation. — § 4. Définition de la civilisation : la civilisation est l'ensemble de la *self-realisation* de la société, qui, par rapport au processus et au résultat total de la société humaine dans le passé et le présent, s'accordant avec l'impératif positif, conduit par les prophètes, contribue à la promotion de l'évolution universelle.

CHAP. II. — *Vue historique de l'Évolution sociale*. — § 1. Introduction. — § 2. Grand aspect de l'évolution sociale. — § 3. Origine des sociétés orientales. — § 4. Développement social du Japon. — § 5. Développe-

REVUE INTERNATIONALE

DE

SOCIOLOGIE

PUBLIÉE TOUS LES MOIS, SOUS LA DIRECTION DE

RENÉ WORMS

Secrétaire-Général de l'Institut International de Sociologie
et de la Société de Sociologie de Paris

AVEC LA COLLABORATION ET LE CONCOURS DE

MM. **Ch. Andler**, Paris. — **A. Asturaro**, Gênes. — **A. Babeau**, Troyes. — **M. F. Ballesteros**, Santiago. — **P. Beauregard**, Paris. — **R. Béranger**, Paris. — **M. Bernès**, Paris. — **J. Bertillon**, Paris. — **A. Bertrand**, Lyon. — **L. Brentano**, Munich. — **Ad. Buylla**, Oviedo. — **Ed. Chavannes**, Paris. — **E. Cheysson**, Paris. — **Ad. Coste**, Paris. — **R. Dalla Volta**, Florence. — **J. Dallemagne**, Bruxelles. — **E. Delbet**, Paris. — **H. Denis**, Bruxelles. — **C. Dobrogeanu**, Bucarest. — **P. Dorado**, Salamanque. — **M. Dufourmantelle**, Paris. — **L. Duguit**, Bordeaux. — **P. Duproix**, Genève. — **A. Espinas**, Paris. — **Fernand Faure**, Paris. — **E. Ferri**, Roma. — **G. Fiamingo**, Rome. — **A. Fouillée**, Paris. — **A. Giard**, Paris. — **Ch. Gide**, Montpellier. — **R. de la Grasserie**, Rennes. — **P. Guiraud**, Paris. — **L. Gumplowicz**, Graz. — **H. Hauser**, Clermont. — **M. Kovalewsky**, Beaulieu. — **F. Larnaude**, Paris. — **Ch. Letourneau**, Paris. — **E. Levasseur**, Paris. — **P. de Lilienfeld**, Saint-Pétersbourg — **A. Loria**, Padoue. — **J. Loutchisky**, Kiew. — **John Lubbock**, Londres. — **J. Mandello**, Budapest. — **L. Manouvrier**, Paris. — **P. du Maroussem**, Paris. — **T. Masaryk**, Prague. — **Carl Menger**, Vienne. — **G. Monod**, Paris. — **F. S. Nitti**, Naples. — **J. Novicow**, Odessa. — **Ed. Perrier**, Paris. — **Ch. Pfister**, Nancy. — **Georges Picot**, Paris. — **Ad. Posada**, Oviedo. — **O. Pyfferoen**, Gand. — **A. Raffalovich**, Paris. — **M. Revon**, Paris. — **Th. Ribot**, Paris. — **Ch. Richet**, Paris. — **E. de Roberty**, Tver. — **V. Rossel**, Berne. — **Th. Roussel**, Paris. — **A. Schaeffle**, Stuttgard. — **F. Schrader**, Paris. — **G. Simmel**, Berlin. — **C. N. Starcke**, Copenhague. — **L. Stein**, Berne. — **S. R. Steinmetz**, Utrecht. — **G. Tarde**, Paris. — **J. J. Tavares de Medeiros**, Lisbonne. — **F. Tœnnies**, Hambourg. — **A. Tratchewsky**, Saint-Pétersbourg. — **E. B. Tylor**, Oxford. — **E. Van der Rest**, Bruxelles. — **I. Vanni**, Rome. — **J. M. Vincent**, Baltimore. — **P. Vinogradow**, Moscou. — **E. Westermarck**, Helsingfors. — **Emile Worms**, Rennes. — **L. Wuarin**, Genève.

Secrétaires de la Rédaction : **Ed. Herriot**. — **Al. Lambert**. — **G.-L. Duprat**.

Abonnement annuel : FRANCE : 18 fr. — UNION POSTALE : 20 fr.

PARIS

V. GIARD & E. BRIÈRE, Éditeurs

16, RUE SOUFFLOT, 16

LIBRAIRES CORRESPONDANTS :

Benda (B.),	à Lausanne,	Loescher & Cⁱᵉ,	à Rome,
Brockhaus (F. A.),	à Leipzig,	Mayolez (O.) & J. Audiarte,	à Bruxelles,
Feikema Caarelsen & Cⁱᵉ,	à Amsterdam,	Nutt (David),	à Londres,
Fénin & Cⁱᵉ,	à Lisbonne,	Samson et Wallin	à Stockholm,
Gerold & Cⁱᵉ,	à Vienne,	Stapelmohr (B.),	à Genève,
Kilian's (F.),	à Budapest,	Stechert (G. E.),	à New-York,
Kramers & fils,	à Rotterdam,	Van Stockum & fils,	à La Haye,

LIBRAIRIE V. GIARD & E. BRIÈRE, ÉDITEURS, 16, RUE SOUFFLOT, PARIS

BIBLIOTHÈQUE
SOCIOLOGIQUE INTERNATIONALE

PUBLIÉE SOUS LA DIRECTION DE

RENÉ WORMS

Secrétaire Général de l'Institut International de Sociologie

Cette collection se compose de volumes in-8°, reliure souple (1).

Ont paru :

RENÉ WORMS : *Organisme et Société.* . . . . 8 fr.
PAUL DE LILIENFELD : *La Pathologie Sociale.* . . . . 8 fr.
FRANCISCO S. NITTI : *La Population et le Système social.* . . . 7 fr.
ADOLFO POSADA : *Théories modernes sur les Origines de la Famille, de la Société et de l'État* . . . . 6 fr.
SIGISMOND BALICKI : *L'État comme organisation coercitive de la Société Politique.* . . . . 6 fr.
JACQUES NOVICOW : *Conscience et Volonté Sociales.* . . . . . . 8 fr.
FRANKLIN H. GIDDINGS : *Principes de Sociologie.* . . . . 8 fr.
ACHILLE LORIA : *Problèmes Sociaux Contemporains.* . . . . . . 6 fr.
MAURICE VIGNES : *La Science Sociale d'après les principes de Le Play et de ses continuateurs, 2 volumes.* . . . . 20 fr.
M. A. VACCARO : *Les Bases sociologiques du Droit et de l'État.* . . 10 fr.
LOUIS GUMPLOWICZ : *Sociologie et Politique.* . . . . 8 fr.
SCIPIO SIGHELE : *Psychologie des Sectes.* . . . . 7 fr.
G. TARDE : *Études de Psychologie Sociale* . . . . 9 fr.
MAXIME KOVALEWSKY : *Le Régime économique de la Russie.* . . 9 fr.
C. N. STARCKE : *La Famille dans les diverses sociétés* . . . . . 7 fr.
RAOUL DE LA GRASSERIE : *Des Religions comparées au point de vue sociologique.* . . . . 9 fr.
JAMES MARK BALDWIN : *Interprétation sociale et morale des principes du développement mental.* . . . . 12 fr.
G. L. DUPRAT : *Science Sociale et Démocratie* . . . . 8 fr.
H. LAPLAIGNE : *La Morale d'un Égoïste ; essai de morale sociale* . . 7 fr.
JACQUES LOURBET : *Le Problème des Sexes* . . . . 7 fr.
E. LOMBARD : *La Marche de l'Humanité et les Grands Hommes d'après la doctrine positive.* . . . . 8 fr.
RAOUL DE LA GRASSERIE : *Les Principes sociologiques de la Criminologie.* 10 fr.

Paraîtront successivement :

JOAQUIN COSTA, membre de l'Académie Royale de Madrid et de l'Institut Int. de Sociologie : *Le Collectivisme agraire en Espagne, les doctrines et les faits.*

JULES MANDELLO, professeur à l'Université de Presbourg, membre de l'Institut Int. de Sociologie : *Essai sur la Méthode des Recherches Sociologiques.*

MAXIME KOVALEWSKY, membre de l'Institut International de Sociologie : *La France économique et sociale à la veille de la Révolution. — Tableau des origines et de l'évolution de la famille et de la propriété* (nouvelle édition).

(1) *Les volumes de la collection peuvent aussi être achetés brochés avec une diminution de 2 francs.*

Beaugency. — Imp. J. Laffray